Poetry
From
Heart

BY
AACKY VERMA

NOTION PRESS

Contents

CONTENTS

- लाख हंसी है ज़माने मैं, मगर तुमसा कोई कँहा,
- ऐसा देश हमारा हो,

तू भूल गी मेनू

तू भूल गी मेनू
आज एक अरसा होया है
किंज दस्सा तेनु
की मेरा दिल किन्ना रोया है
लोग ते जन्नत दी दुआ करदे ने
तू मेनू मौत दे दर ते छड़ या है
तू भूल गी मेनू
आज एक अरसा होया है

- Aacky Verma

तुम्हें इसलिए नहीं बताया...

तुम्हें इसलिए नहीं बताया...

क्युकी तुम किसी और के साथ खुश थी

और तुम्हे खुश देखके

मेरी आंखे मस्त थी

धड़कन कुछ सुस्त

पर मेरी सांसे व्यस्त थी

तुम्हें इसलिए नहीं बताया...

क्युकी तुम किसी और के साथ खुश थी

- Aacky Verma

उनकी ही नजरो में गुनहे गार हो जाऊंगा

उनके कहने से जो आज

जिंदगी में लोट आया हु

क्या पता था की

उनकी ही नजरो में गुनहे गार हो जाऊंगा

और जो करते थे हमपे

गर्व करने की बाते

क्या पता था की उनकी ही

जुबा से स्वार्थी कहलाया जाऊंगा

उनके कहने से जो आज.......

क्या पता था की

उनकी ही नजरो में गुनहे गार हो जाऊंगा

- Aacky Verma

एक बेपरवा सी लड़की

एक बेपरवा सी लड़की

जो मुझपे मरती है

प्यार बोहोत ज्यादा

और गुस्सा कम करती है

न जाने क्या है उसकी किस्मत में

उसकी परवाह वो न करती है

मस्त रहती मस्त जीती है

पर हां थोड़ा वो अकड़ती है

एक बेपरवा सी लड़की

जो मुझपे मरती है

- **Aacky Verma**

तेरे सिवा किसी और को चाह न सके

हमे चाहने वालो की कमी न थी सजना

वो तो हम ही थे जो तेरे सिवा

किसी और को चाह न सके

ये तो बस एक नजराना था

बाकी के जो थे

वो तुझे दिखा ना सके

ये तो हम ही थे जो

तेरे सिवा किसी और को चाह न सके

- Aacky Verma

जिसे समझा था हमदर्द अपना

जिसे समझा था हमदर्द अपना

वो दर्द देके चला गया

उसका तो कुछ न गया

मगर मेरा सब कुछ चला गया

में खड़ा रहा उसी मोड़ पे

मगर न जाने वो किस ओर मुड़ गया

जिसे समझा था हमने हमदर्द अपना

वो तो बस दर्द देके चला गया

- Aacky Verma

चाँद का तकिया बनाकर

चाँद का तकिया बनाकर...

आसमा की चादर ओढ़कर

जमी का बेछोना बनाकर

गरीब चेन से सो जाता हैं

और वही एक अमीर आदमी

मखमली बिस्तर के होते हुए भी

सोने के लिए नींद की गोलियां खाता है

- Aacky Verma

तुम्हारा ख़याल

तुम्हारा ख़याल

दिल में मोहब्बत तो

दिमाग में नफरत जगाता है

और लोग मुझसे पूछते रहते है की

तू क्यूं उसे नही भुला पाता है

अब में लोगो को केसे बताऊं

की ये थोड़ी नफरत और थोड़ा प्यार

ही नहीं भुलाया जाता है

ये तुम्हारा ख़याल

दिल में मोहब्बत तो

दिमाग में नफरत जगाता है

- **Aacky Verma**

दिल में जो आग जल रही है

बीयर पी बीयर चल रही है

केसे भुजाऊ ए दोस्त

दिल में जो आग जल रही है

दिमाग तो उसे भूल चुका हु

ऐसी गवाही दे रहा है

मगर दिल में उसकी यादों की फिल्म चल रही है

तू ही बता

केसे भुजाऊ ए दोस्त

दिल में जो आग जल रही है

उसकी यादों की फिल्म चल रही है

- Aacky Verma

तुम्हे पाना मेरी किस्मत में नहीं

समझना तो है नहीं तुमने...

तो क्या फायदा तुम्हे समझाके

तुम्हे पाना मेरी किस्मत में नहीं

तो क्या फायदा तुम्हे चाहके

ऐसा लगता है खुश हो तुम

सयाद आज मुझे भुलाके

तुम्हे पाना मेरी किस्मत में नहीं

तो क्या फायदा तुम्हे चाहके

- Aacky Verma

अब मेरा हर फ़ैसला,

अब मेरा हर फ़ैसला,

मेरे लिए होगा

और कभी सोचता था

दुनिया के लिए

मगर अब फर्क नहीं पड़ता

दुनिया का क्या होगा

और अब मेरा हर फ़ैसला,

मेरे लिए होगा

- Aacky Verma

क्या सोचते रहते हो?

क्या सोचते रहते हो?

ऐसे क्यों खोए रहते हो

आंखे तो तुम्हारी खुली ही रहती है

मगर ऐसा लगता है जैसे तुम सोए रहते हो

आंखो से जो ये अश्क बह रहे है

हमे भी बताओ किसकी याद में खोए रहते हो

आंखे तो तुम्हारी खुली ही रहती है

तो तुम क्यों सोए रहते हो?

- Aacky Verma

हम दोनों को सोचना होगा...

हम दोनों को सोचना होगा...

की हम खुदा को क्या जवाब देंगे

जुदा तो हम दोनो हुए

मगर इसका श्रेय किसको देंगे

मोहब्बत किसकी बेवफा थी

मौका मिलेगा तो हम बता देंगे

हम दोनों को सोचना होगा...

की हम खुदा को क्या जवाब देंगे

- Aacky Verma

अच्छा बुरा देख कर

अच्छा बुरा देख कर

तुमने तो निर्णय लिया

ऐसी क्या थी कमी जो

तुमने मुझे छोड़ दिया

माना पैसों के मामले में थोड़ा कंगाल था

मगर मेरे पास मोहब्बत का भंडार बेशुमार था

ओरो पे जो आ गया दिल तुम्हारा

ऐसा क्या तुमने उनमें देख लिया

अच्छा बुरा देख कर

तुमने तो निर्णय लिया

- **Aacky Verma**

वो दिन भी आएगा...

वो दिन भी आएगा...

जब तू मुझे भूल जायेगा

पता था मुझे की

वो कसमें वादे और सात जन्मों का प्यार

सब झूठ बन रह जायेगा

और हमने तो चुन ली है मौत तेरे बगैर

मगर ये तो बता इसमें तेरा क्या जायेगा

और वो दिन भी आएगा...

जब तू मुझे भूल जायेगा

- Aacky Verma

उसकी याद आ गई....

Unfollow किया उसे सालो पहले

आज instagram पे scroll करते हुए

उसकी फोटो सामने आ गई

और न चाहते हुए भी आज मुझे

उसकी याद आ गई

और मेरी कुछ हद तक संभली जिंदगी में

वो एक बार फिर तूफान मचा गई

और न चाहते हुए भी आज मुझे

उसकी याद आ गई........

- Aacky Verma

वो दिन बोहोत याद आते है..

वो दिन बोहोत याद आते है..

वो हसी किस्से हम सभी को सुनाते है

तेरी मेरी जोड़ी पुरे स्कूल में मशहूर थी

और तुझे क्या बताए ए दोस्त की

हम तेरी याद में सारी रात सो नहीं पाते है

वो दिन बोहोत याद आते है..

वो बचपन की सारी बाते

हम आज भी भुला नहीं पाते है

तुझे क्या बताए ए दोस्त

वो हसी किस्से हम आज भी सभी को सुनाते है

- Aacky Verma

क्या जिंदगी थम जाती है..

तपिश वाली धूप बोहोत जलाती है

किसी के चले जाने से

क्या जिंदगी थम जाती है

तू चला गया ए दोस्त कोई बात नही

मगर मेरी मोहब्बत ऐसी है

की तू हर रोज याद आती है

मगर किसी के चले जाने से

क्या जिंदगी थम जाती है...

- Aacky Verma

बस इतनी सी गुजारिश थी

बस इतनी सी गुजारिश थी

की न हो हम जुदा कभी

बस मोहब्बत की खुमारी थी

बिछड़ के याद आता है वो लम्हा

जब हम मिले

वो सावन की पहली बारिश थी

की न हो हम जुदा कभी

तुमसे बस इतनी सी गुजारिश थी

- Aacky Verma

मां, तुझसे ही मेरा संसार

मां, तुझसे ही मेरा संसार

कितना अनमोल है तेरा प्यार

चाहे कही भी चला जाऊ

मगर फिर भी रहेगा तेरे कदमों में मेरा संसार

कितने भी आए लोग इस जिंदगी मैं

मगर तूही रहेगा मेरा पहला प्यार

मां, तुझसे ही मेरा संसार

- Aacky Verma

ख़ुशी मेरी अधूरी है...

ख़ुशी मेरी अधूरी है...

जब से उससे दूरी है

ये बात में उसे कैसे समझाऊं

की वो मेरे लिए कितनी जरूरी है

ख़ुशी मेरी अधूरी है...

उसके बिना में कैसे जिऊंगा

वो ही मेरी सांसों की डोरी हैं

ये बात में उसे कैसे समझाऊं

की वो मेरे लिए कितनी जरूरी है

ख़ुशी मेरी अधूरी है...

Miss You Baby

- Aacky Verma

बिना कुछ कहे ही,

बिना कुछ कहे ही,

हम समझ जाते थे

तुम्हारी हर एक बात

और तुम हमारे इजहार

करने के बावजूद न

समझ सके हमारी एक भी बात

बिना कुछ कहे ही,

हम समझ जाते थे

तुम्हारी हर एक बात...

\- Aacky Verma

तुम्हारे सिवा न कोई हमारी जिंदगी में आयेगा

कितनी बार कहा है!

तुम्हारे सिवा न कोई

हमारी जिंदगी में आयेगा

और तुम्हे जाना है

तो जाओ मगर तुम्हे

हमसे ज्यादा कोई नही चाहेगा

और तुम्हारे सिवा न कोई

हमारी जिंदगी में आयेगा

- **Aacky Verma**

समय हाथों से निकल रहा हे

रेत की तरह

समय हाथों से निकल रहा हे

ये नश्वर शरीर भी

धीरे धीरे पिघल रहा हे

काल की भूख तो देखो

जो हमको धीरे धीरे निगल रहा हे

और रेत की तरह

समय भी हाथों से निकल रहा हे

- Aacky Verma

चांद सुनता नहीं मेरी एक भी बात

चांद सुनता नहीं

मेरी एक भी बात

केसे में उसको समझाऊं

की केसे गुजरी मेरी रात

चांद सुनता नहीं

मेरी एक भी बात

जब था में बिल्कुल अकेला

और कोई नही था साथ

तो बस एक चांद के अलावा

में किससे करता बात

मगर चांद सुनता नहीं

मेरी एक भी बात

- Aacky Verma

क्या अब भी?..तुम्हारी फितरत पहले जैसी है

क्या अब भी?...

तुम्हारी फितरत पहले जैसी है

या अब तुम बदल गए हो

क्या अभी भी वफा का वादा करके

बेवफाई करते हो

या अब तुम सुधार गए हो

क्या अब भी?...

तुम्हारी फितरत पहले जैसी है

या अब तुम बदल गए हो

- Aacky Verma

एक बार खुद से पूछो

एक बार खुद से पूछो

क्या तुम्हे सुकून मिला

मुझसे दूर जाके

हा इतना जरूर है

हीरा खो दिया तुमने

कांच के टुकड़ों को पाके

एक बार खुद से पूछो

क्या तुम्हे सुकून मिला

मुझसे दूर जाके

- Aacky Verma

उनकी हसी को, हम मोहब्बत समझ बैठे

बात तो कुछ भी नहीं थी...

उनकी तरफ से

बेवजह उनकी हसी को,

हम मोहब्बत समझ बैठे

उनको मोहब्बत करने से

खुद को रोक न पाए

और उनको अपना दिल दे बैठे

बात तो कुछ भी नहीं थी...

उनकी तरफ से

बेवजह उनकी हसी को,

हम मोहब्बत समझ बैठे

- **Aacky Verma**

ज़िन्दगी तू...मुझे जीना सीखा दे

ज़िन्दगी तू...

मुझे जीना सीखा दे

किसी के गम को

भूलना सीखा दे

जो न हो ये भी तेरे बस्की

तो कम से कम मुझे

पीना सीखा दे

ज़िन्दगी तू...

मुझे जीना सीखा दे

- Aacky Verma

दर्द छलक जाता है...उसका जिक्र छीड़ते ही

दर्द छलक जाता है...

उसका जिक्र छीड़ते ही

यादों का साया मंडराने लगता है

चांद के निकलते ही

छोड़ दिया उसने मुझे

किसी ओर के मिलते ही

केसे तोड़ लिया किसी ने फूल

डाली पे खिलते ही

दर्द छलक जाता है...

उसका जिक्र छीड़ते ही

- Aacky Verma

ऐसा कोई शमा नही जब हमने तुम्हे याद न किया हो

मुफ़्लशी मैं ओर तन्हाई मैं,

ऐसा कोई शमा नही जब हमने तुम्हे याद न किया हो,-2

चारो पहर हर घड़ी, सपनो मैं तेरा दीदार न किया हो,

ऐसा कोई शमा नही जब हमने तुम्हे याद न किया हो,

हर घड़ी थे तुम्हारे साथ खड़े, ऐसा नही हुआ कभी जब

तुम्हारा साथ न दिया हो,

ऐसा कोई शमा नही जब हमने तुम्हे याद न किया हो,

आज इन तीखे लफ्जो मैं, कह गए वो बात जैसे तुमने

प्यार न किया हो,

ऐसा कोई शमा नही जब हमने तुम्हे याद न किया हो,

तो फिरभी मगर तुम्हे हम करते रहेंगें प्यार जो गर

तुमने हमे अपना दिल न भी दिया हो,

ऐसा कोई शमा नही जब हमने तुम्हे याद न किया हो-2

- Aacky Verma

तेरी बेवफ़ाई का ढंग जमाने को क्या बतलाऊ मै

तेरी बेवफ़ाई का ढंग जमाने को क्या बतलाऊ मै

तू भी है और बेवाफाओ की तरह

तो फिर क्या उन्हें समझाऊ मैं

तेरी बेवफ़ाई का ढंग जमाने को क्या बतलाऊ मै

दिल तोड़ के यू छोड़ जाना

वादों से अपने यूं मुकर जाना

फिर केसे तुझपे अपना हक जामाउ में

तेरी बेवफ़ाई का ढंग जमाने को क्या बतलाऊ मै

- **Aacky Verma**

कदर तो कि थी मैने हमेशा, मगर इसका तुझे एहसास नहीं,

कदर तो कि थी मैने हमेशा ,
मगर इसका तुझे एहसास नहीं,
एहसास होता भी कैसे,
जब तुमको मुझसे प्यार नहीं
कदर तो कि थी मैने हमेशा,
मगर इसका तुझे एहसास नहीं
चाहत तो हमे तुम्हारी बोहोत थी,
मगर फितरत मै तुम्हारी प्यार नहीं,
कदर तो कि थी मैने हमेशा,
मगर इसका तुझे एहसास नहीं
जा तू मुझे अब याद ना आ,
तुझे मै याद करू इसके भी तू लायक नहीं,
कदर तो कि थी मैने हमेशा,
मगर इसका तुझे एहसास नहीं,
मतलब कि खातिर तू प्यार करे,
मगर ऐसा होता प्यार नहीं,
कदर तो कि थी मैने हमेशा,
मगर इसका तुझे एहसास नहीं,

- Aacky Verma

तेरा मेरा लड़ना, कितना सुहाता था,

तेरा मेरा लड़ना , कितना सुहाता था,

हर मुश्किल मै तेरा साथ निभाता था,

तू जो जाती भी थी मुझसे रूठ,

तो मै तुझको प्यार से मनाता था

तेरा मेरा लड़ना , कितना सुहाता था,

मेरी मोहबत तेरे लिए जग जाहिर थी,

मगर मै अपने मुंह से कहने में सरमाता था,

तेरा मेरा लड़ना कितना सुहाता था

वो बेंच पर साथ मै बैठा करते,

मै चुपके से तेरा लंच खा लिया करता था,

वो तेरा मेरा लड़ना कितना सुहाता था

बाकी पीरियड्स मै तू मॉनिटर बनती,

पर मेथ के पीरियड मै मै मॉनिटर बनता था,

वो तेरा मेरा लड़ना कितना सुहाता था,

लोग हमे एपी एपी कहते,

क्युकी मेरा ए से और तेरा पी से नाम सुरु होया करता
था,

मगर वो तेरा मेरा लड़ना कितना सुहाता था

- Aacky Verma

मेरे दिल को तुझसे कुछ कहना है,

मेरे दिल को तुझसे कुछ कहना है,

अब जो किया है आगे ना करना,

और ना अब मैंने सहना है

मेरे दिल को तुझसे कुछ कहना है,

कसम जो खाई थीं तूने,

उसपे ऐतबार किया था मैंने,

अब ना किसी पर ऐतबार करना है,

मेरे दिल को तुझसे कुछ कहना है,

मेरी मोहब्बत का आलम यूं था,

कि तेरी हर गलतियों को माफ किया,

मगर अब ना किसी को माफ करना है,

मेरे दिल को तुझसे कुछ कहना है

- Aacky Verma

नया साल है, तो मुबारक उनको भी,

नया साल है, तो मुबारक उनको भी,

जिनको मैने अपना समझा,

कुछ गलतियां तुमने भी कि,

कुछ हमने भी कि,

जो तुमको अपना समझा,

बस अब इस बीते साल की तरह,

भुला देना चाहते है तुमको भी,

दिल को समझाया मगर कम्बक्त वो भी ना समझा,

कुश रहो आबाद रहो,

ये दिल से दुआ है,

क्युकी मैने तुम्हे अपना समझा

नया साल है, तो मुबारक उनको भी,

जिनको मैने अपना समझा,

Happy New Year

- Aacky Verma

पापा कि परी थी मै, बड़ी नाजो से पली थी मै,

पापा कि परी थी मै, बड़ी नाजो से पली थी मै,
कभी जो मै रूठी भी तो,
पल मै ही मना ली गई थीं मै,
पापा की पारी थी मै, बड़ी नाजों से पली थी मै,
कभी कोई गम नहीं देखा,
राजकुमारी सी पली थी मै,
पापा की परी थी मै बड़ी नाजों से पली थी मै,
मगर वो दिन जिंदगी का काला दिन था,
जब उन दरिंदो से घिरी थी मै,
पापा की परी थी मै, बड़ी नाजों से पली थी मै,
बोहोत चिलाई बोहत गिड़गिड़ाई थी मै,
मगर उन दरिंदो को ना सम्मझापाई थी मै,
पापा की परी थी मै, बड़ी नाजों से पली थी मै,
बड़ी नाजों से पली थी मै
Respect to all women's

- Aacky Verma

ख़ाली समय मै तुझे याद करते है,

ख़ाली समय मै तुझे याद करते है,

ना चाहते हुए भी तुझे प्यार करते है,

भुलाना तो चाहा तुझे हर बार मगर,

आंख बंद भी करू तो तेरा दीदार करते है,

ख़ाली समय मै तुझे याद करते है,

मेरी मोहब्त इतनी सची थी,

सायाद तभी तेरा आज भी इंतजार करते है,

ख़ाली समय मै तुझे याद करते है,

दिमाग कुछ भी कहे मगर,

आज भी तुझे बोहोत प्यार करते है,

ख़ाली समय मै तुझे याद करते है,

चाहे तेरी वो झूठी मोहब्बत ही क्यूं ना रही हो,

मगर हम उस मोहब्बत का भी सम्मान करते है,

ख़ाली समय मै तुझे याद करते है,

ना चाहते हुए भी तुझे प्यार करते है,

ख़ाली समय मै तुझे याद करते है

- Aacky Verma

तब तो किया था तुझे प्यार, मगर अब ना प्यार करेंगे,

जा तुझको अब ना याद करेंगे,

तब तो किया था तुझे प्यार,

मगर अब ना प्यार करेंगे,

जो हुआ अच्छा ही हुआ,

जिसके लिए तेरा सुक्रिया अदा करेंगे,

तब तो किया था तुझे प्यार,

मगर अब ना प्यार करेंगे,

तेरी इस झूठी मोहब्बत को ,

कोई नाम ना देंगे,

तब तो किया था तुझे प्यार,

मगर अब ना प्यार करेंगे,

चाहा तो तुझे पूरी सिद्दत्त से था,

मगर एक दिन तुमने कहां अब ना साथ रहेंगे,

तब तो किया था तुझे प्यार,

मगर अब ना प्यार करेंगे,

- Aacky Verma

ये भी तो खुद को अभी समझाना है,

आज दिल कुछ उदास है,

चाहता दुनिया को कुछ बताना है,

मगर बाकियों की तरह जुबान भी धोखा देगाई आज,

ये भी तो खुद को अभी समझाना है,

कमबख्त दिल भी साला अजीब है,

उनसे ही बोहत् प्यार करता है,

जिनको चाहता भुलाना है

ये भी तो खुद को अभी समझाना है

कोन्न अपना कोन पराया ,

ये तो खेल खेलता जमाना है,

तुम हमारे नहीं, तुम हमारे नहीं,

ये भी तो खुद को अभी समझाना है

- Aacky Verma

हम तुम एक टूटे से सौदागर है,

हम तुम एक टूटे से सौदागर है,

जो किसी और का नहीं

अपनी खुशियों का ही सौदा कर बैठे,

दिल भी ऐसे दिया उसको,

की वापस ना से सके,

और उसके पास ही छोड़ बैठे,

हम तुम एक टूटे से सौदागर है,

जो अपनी खुशियों का ही सौदा कर बैठे,

\- Aacky Verma

आसमान की ऊंचाइयों को वो छूना चाहती थी,

आसमान की ऊंचाइयों को वो छूना चाहती थी,
मगर घर की बंदिशों मै वो जकड़ी जाती थी,
मोहब्बत थी उसको उड़ते परिंदो से ,
मगर जमी के पथरो से वो टकराती थी,
मनचाहा वर वो चाहती थी,
मगर घर वालो को ना मना पाती थी,
सपने सारे चुर हो गए,
देखो आज वो कितने मजबूर हो गए,
अनजान रिस्तो मै बंधी अब वो बंधी थीं,
ना चाहते हुए भी अब उसको निभानी पड़ी थी,
एक मोड़ ऐसा भी आया,
जब अनजाने रिश्ते भी टूट गए,
देखो उनकी कहानी वो कितने मजबूर हो गए,
फिर भी सारे गमो को सहती है,
मुंह से उफ तक ना वो करती है,
कितनी भी आ जाए मुश्किलें अब,
उनका वो डट के सामना करती है,
सपने वो अपने पूरा करना चाहती थी,
आसमान की ऊंचाइयों को वो छूना चाहती थी,

- Aacky Verma

आज कुछ पीने का मन करता है,

आज कुछ पीने का मन करता है,

गम जो दिए उन्होंने,

वो तो पी ही रहे है,

चलो एक पेग भी लगा लिया जाए,

कुछ ऐसा मन करता है,

आज कुछ पीने का मन करता है,

प्यार ने तो गम दिए,

चलो दारू पिके,

गम को भुलाने का मन करता है,

आज कुछ पीने का मन करता है,

हमको तो किया बर्बाद,

पर खुश रहे वो,

ऐसी उसको दुआ देने का मन करता है,

आज कुछ पीने का मन करता है,

- Aacky Verma

लाख हंसी है ज़माने मैं, मगर तुमसा कोई कँहा,

लाख हंसी है ज़माने मैं, मगर तुमसा कोई कँहा,

तुम्हारी सूरत मैं वो जादू है, जो किसी ओर की मैं कँहा

लाख हंसी है ज़माने मैं, मगर तुमसा कोई कँहा,

नाराज तो हम खुदा से है, तुमसे नही मेरी जा,

कोसिस चाहे कितनी भी करलू, पर घड़ी की सुइया घूमती उल्टी कँहा

लाख हंसी है ज़माने मैं, मगर तुमसा कोई कँहा,

कितने भी पन्ने मैं पलटु, तेरी सूरत के शिवा नज़र आये कुछ ना,

कितने भी मैं चेहरे बना लू, मगर जो दिल मैं है वैसा कँहा

लाख हंसी है ज़माने मैं, मगर तुमसा कोई कँहा,

इस समुन्दर सी दुनिया मे, तू न जाने है कँहा,

मैं भी अब जी नही सकता, जैसे पानी बिन मछली कँहा

लाख हंसी है ज़माने मैं, मगर तुमसा कोई कँहा,

- Aacky Verma

ऐसा देश हमारा हो,

नया अँधेरा, नया उज्यारा,

सूरज की किरणों से जगमगाया जग सारा,

छटा अँधेरा, हुआ उज्यारा, जब सूरज की किरणों ने डेरा

डारा,

आंगन-2 में ख़ुशयाली छाई,

चिड़ियो ने भी जब चहक मचाई,

आँगन में किलकारी गुंजे,

उस खुश के आगे फिर कुछ न सूझे,

मजहबो मैं टकराव न हो, कोई जातियो मैं ना बटे,

अमन सुकून का साया हो। मेरी यही कल्पना है कि,

ऐसा देश हमारा हो। देश पर हो हमको यंकी,

ओर हमको देश सबसे प्यारा हो,

ऐसा देश हमारा हो, ऐसा देश हमारा हो,

जय हिंद, जय भारत,

- Aacky Verma

AACKY VERMA

THANK YOU FOR YOUR LOVE AND SUPPORT

VISIT OUR SITE: **WWW.AACKYSHAYARI.IN**

FOLLOW ME ON: -

FACEBOOK/AACKYSHAYARI

TWITTER/AACKYVERMA

INSTAGRAM/AACKY.VERMA

SUBSCRIBE MY YOUTUBE CHANNEL

YOUTUBE/AACKYSHAYARI